Anastasia Barbov

Zu Cornelia Funkes "Herr der Diebe"

Warum dieses Buch sowohl Mädchen als auch Jungen anspricht und wie man den Unterricht damit für beide Geschlechter interessant gestalten kann.

GRIN - Verlag für akademische Texte

Der GRIN Verlag mit Sitz in München und Ravensburg hat sich seit der Gründung im Jahr 1998 auf die Veröffentlichung akademischer Texte spezialisiert.

Die Verlagswebseite www.grin.com ist für Studenten, Hochschullehrer und andere Akademiker die ideale Plattform, ihre Fachtexte, Studienarbeiten, Abschlussarbeiten oder Dissertationen einem breiten Publikum zu präsentieren.

Dokument Nr. V130131 aus dem GRIN Verlagsprogramm

Anastasia Barbov

Zu Cornelia Funkes "Herr der Diebe"

Warum dieses Buch sowohl Mädchen als auch Jungen anspricht und wie man den Unterricht damit für beide Geschlechter interessant gestalten kann.

GRIN Verlag

Bibliografische Information Der Deutschen Bibliothek: Die Deutsche Bibliothek verzeichnet diese Publikation in der Deutschen Nationalbibliografie; detaillierte bibliografische Daten sind im Internet über http://dnb.ddb.de/ abrufbar.

1. Auflage 2007
Copyright © 2007 GRIN Verlag
http://www.grin.com/
Druck und Bindung: Books on Demand GmbH, Norderstedt Germany
ISBN 978-3-640-37126-6

Cornelia Funke:
Herr der Diebe

Warum dieses Buch sowohl Mädchen als auch Jungen anspricht und wie man den Unterricht damit für beide Geschlechter interessant gestalten kann.

Inhaltsverzeichnis:

1) Einleitung..S. 3
2) Geschlechtsdifferenzierende Unterschiede bei der Wahl
   des Lesestoffes..S. 3
3) Inhaltsangabe und Übersicht über die Themengebiete des Buches.......S. 5
4) Spezifisch interessante Themengebiete im Buch..............................S. 7
   4.1) Was mögen die Mädchen?..S. 7
   4.2) Was gefällt den Jungen?...S. 8
5) Umsetzung im Unterricht..S. 9
   5.1) Skizzierung der Unterrichtseinheit..S. 9
   5.2) Einführungsstunde..S. 12
6) Quellenangaben..S. 14

1) Einleitung

Der Herr der Diebe ist eine meisterhafte Geschichte von einer Bande Kinder in Venedig, die sich durch Stehlen ihren Lebensunterhalt verdienen. Eigentlich ein Roman, geschrieben für Kinder, obwohl er durchaus auch Erwachsene in seinen Bann zieht. Doch Kinder sind unterschiedlich in ihren Interessen. Vor allem die Lesestoffinteressen zwischen Jungen und Mädchen unterscheiden sich ganz gewaltig voneinander, es gibt spezifische Interessen von beiden Geschlechtern. Das Hauptproblem besteht wahrscheinlich schon einmal darin, dass Mädchen überhaupt häufiger und lieber lesen als Jungs[1]. Dazu kommt, dass die Lesestoffinteressen von beiden Geschlechtern weit auseinander liegen.

In dem Roman „Herr der Diebe" ist für beide Geschlechter etwas dabei. Es geht um Abenteuer, Freundschaft und spannend ist der Roman allemal. Im Folgenden zeige ich die geschlechterspezifischen Themen für Jungen und Mädchen auf. Ich geben an, was Mädchen, und was Jungen gerne lesen. Dann gehe ich spezifisch auf das Buch „Herr der Diebe" ein und beschreibe, welche Passagen des Buches evtl. spezifisch eine Geschlechtergruppe ansprechen könnten. Hierbei kann ich natürlich aus Platzgründen nicht alle Passagen des Buches zuordnen, ich habe mir einige prägnante ausgesucht. Dann gebe ich meine Ideen zu einer Unterrichtseinheit mit diesem Buch an, und konzipiere eine Einführungsstunde.

2) Geschlechterdifferenzierende Unterscheide bei der Wahl des Lesestoffes

Jungen und Mädchen sind verschieden wie Tag und Nacht. Sie denken, fühlen und handeln anders. Und natürlich haben sie auch ganz unterschiedliche Interessen. Mädchen mögen gerne Tiere und beschäftigen sich auch gerne mit ihnen. Kreative Dinge wie Malen und zeichnen gehören ebenso zu ihren liebsten Freizeitbeschäftigungen wie das Treffen mit Freunden. Jungs dagegen beschäftigen sich lieber mit dem PC und spielen gerne Videospiele. Auch Sport treiben und draußen spielen ist bei Jungs ein beliebtes Hobby[2].
Beim Thema Lesen spalten sich die Interessengebiete der beiden Geschlechter deutlich Aus der KIM Studie[3] geht hervor, dass Mädchen allgemein lieber lesen als Jungen. Doch auch beim Lesen spielen die unterschiedlichen Interessen von Jungen und Mädchen eine große Rolle, denn Mädchen und Jungen lesen nicht das Gleiche. Die Interessegebiete der Lesethemen variieren sehr stark zwischen Mädchen und Jungen. Während Mädchen sehr

---

[1] KIM Studie 2005, S. 7
[2] ebd. S. 5
[3] ebd. S. 23

gerne belletristische Literatur, Tier- und Internatsgeschichten lesen, greifen Jungen lieber zu Sach- und Fachbüchern[4].Dies geht auch anhand der KIM-Studie deutlich hervor. Jungs interessieren sich eher für Sachbücher, sie wollen Informationen aus dem Gelesenen bekommen, die sie interessieren. Dabei orientieren sie sich auch an ihren Hobbies und Interessen, für die sie zielgerichtete Informationen aus Sachbüchern abfragen wollen. Mädchen lesen gerne Büchern, in denen ihre Gefühle angesprochen werden. Jungen mögen solche Bücher hingegen gar nicht[5]. Problemorientiert Romane, oder Schicksalsromane stehen bei Mädchen hoch im Kurs, sie wollen sich in die vorkommenden Figuren und Situationen einfühlen. Kurz gesagt, Mädchen lesen gerne Bücher, in denen was fürs Herz dabei ist, bei denen sie mitfiebern können, und in denen am Schluss bestenfalls alles wieder in Ordnung kommt. Mädchen greifen zum Buch, um abzuschalten und zur reinen Unterhaltung[6]. Während Mädchen sich gerne mit den Personen im Buch identifizieren und mitfühlen möchten, ziehen Jungen die reine Informationsgewinnung aus Büchern vor. Während der Adoleszenzzeit nehmen auch Jungen das Lesen als Möglichkeit zur Problembearbeitung wahr, jedoch greifen sie hierbei lieber zu Biographien und Autobiographien als zu Romanen[7]. Es gibt jedoch auch durchaus Buchgenres, die für beide Geschlechter in Frage kommen. Abenteuerromane, phantastische Literatur und Krimis werden von beiden Geschlechtern sehr gerne gelesen.

Warum lesen Jungen nicht so gerne? Vor allem wenn ein Buch im Unterricht gemeinsam gelesen wird, kann man als Lehrer oft die große Ablehnung der Jungen bemerken. Doch wenn man die oben genannten Interessengebiete der Jungen und Mädchen beachtet und sich überlegt, welche Art von Bücher denn normalerweise im Unterricht gelesen werden, kommt man auf den Grund. Meist werden die Grundschüler von Lehrerinnen unterrichtet, auch an den weiterführenden Schulen sind es häufiger weibliche Lehrkräfte, die Deutsch unterrichten. Im Unterricht wird häufig zu fiktionaler Literatur gegriffen, die Lehrerinnen wählen den Lesestoff oft unbewusst nach weiblichen Interessen aus[8]. Es sind oft die problemorientierten Bücher, die gerne im Unterricht gelesen werden[9], denn die Kinder sollen ja etwas daraus lernen, und damit lässt sich oft auch gut arbeiten.. Für diese Art von Büchern ist bei den Mädchen größeres Interesse vorhanden als bei Jungen. Meist fordern diese Bücher auch großes Einfühlungsvermögen und Hineindenken in die Hauptpersonen. Mädchen können

---

[4] Barth, Differenzen: weiblich-männlich? S. 17
[5] Schlichter, Was,machen die Jungs? S. 364
[6] ebd.
[7] ebd.
[8] Barth, Differenzen: weiblich-männlich? S. 20
[9] Schlichter, Was machen die Jungs? S. 363-364

mit diesen Anforderungen besser umgehen als Jungs, die mit komplizierten Problemgeschichten oft nicht viel anfangen können. Da ist es kein Wunder, dass sich die Jungen eher gelangweilt fühlen, und keine Lust haben diese Art von Büchern zu lesen. Sie lehnen dabei nicht das Lesen an sich, sondern das Lesethema, bzw. das ausgesuchte Buch ab. Jungen brauchen aktionsgeladene, spannende Lektüre. Sie lesen häufiger Bücher, die erzählerisch und dramaturgisch ähnlich aufgebaut sind wie TV-Serien. Allerdings sind sie von den TV-Serien aneinandergereihte Spannungshöhepunkte und aktionsreiche Handlungen gewöhnt, und erwarten dies ebenfalls von einem Buch[10]. Meist sind Bücher aber anders aufgebaut, und die Jungen legen enttäuscht das Buch zur Seite.

Es sollten im Unterricht also nicht zu reinen Mädchen- bzw. Jungenbüchern gegriffen werden. Der Lehrer muss also ein Buchgenre auswählen, mit dem beide Geschlechter leben können. Am Besten greift man hierbei auf Abenteuerromane oder Krimis zurück, da diese Bücher von Jungen und Mädchen beiderseits gerne gelesen werden. Vor allem Bandenromane sind für den Unterricht gut geeignet, da sie oft in den von den Kindern bevorzugten Genres wie Abenteuer- oder Kriminalgeschichten vorkommen. Auch sind diese Banden meist gemischtgeschlechtlich, sodass sowohl für Mädchen als auch für Jungen Identifikationspersonen angeboten werden[11].

Um die Jungen zum Lesen zu bewegen, muss also vermehrt auf ihre spezifischen Leseinteressen eingegangen werden. Auch seeduaktive Unterrichtsphasen wären sinnvoll, in denen Mädchen und Jungen getrennt zum Buchthema arbeiten, und so die für sie interessanten Themen einzeln behandeln können[12].

3) Inhaltsangabe und Übersicht über die Themengebiete des Buches

Der Herr der Diebe ist ein sehr schön erzählter Kinderroman von Cornelia Funke. Es geht um eine Kinderbande, die sich in Venedig mit vermeintlichen Diebstählen durchschlägt. Die Bande besteht aus Scipio, dem sogenannten Herrn der Diebe und selbsternannter Anführer der Bande, Mosca, Riccio, Wespe, Prosper und Bonifazius, genannt Bo. Prosper und Bo sind von zu Hause weggelaufen, nachdem ihre Mutter gestorben ist, und ihre Tante Esther die beiden Brüder trennen wollte. Die Kinder hausen in einem leerstehenden Kino und Scipio sorgt für ihren Unterhalt, indem er vermeintliche Raubzüge durch die Museen und reichen Haushalte Venedigs unternimmt. Allerdings erfährt der Leser im Laufe des Buches, dass er über seine Raubzüge nicht ganz die Wahrheit sagt. Die Diebesbeute wird von den anderen Mitgliedern

---

[10] ebd. S. 365
[11] ebd. S. 375
[12] ebd.

der Bande verkauft, und sichert so ihren Unterhalt. Eines Tages bekommen die Kinder von einem Mann, der sich nur der Conte nennt, den Auftrag, den abgebrochenen Flügel eines geflügelten Löwen zu stehlen. Der geflügelte Löwe gehört als Figur zu einem alten, sagenumwobenen Karussell. Wer auf dem Karussell fährt, so heißt es, kann sich vom Kind zum Erwachsenen, oder vom Erwachsenen zum Kind verwandeln. Mit diesem Auftrag beginnt eine spannende Zeit. Der Einbruch bei Ida Spavento, bei der sich der geheimnisvolle Löwenflügel befinden soll, geht gründlich schief, denn sie werden von Ida persönlich erwischt. Doch die Dame handelt mit den Kindern einen Deal aus: Sie überlässt den Kindern den Flügel, und das Geld, das sie vom Conte dafür bekommen werden, wenn sie bei der Übergabe dabei sein darf. Denn Ida weiß ebenfalls von dem Karussell, und möchte dessen Geheimnis auf die Spur kommen. Gemeinsam verfolgen sie den Conte auf eine verlassene Insel, doch sie werden entdeckt und müssen fliehen.

Doch Scipio und Prosper machen sich eines Nachts noch einmal auf zur Insel, wo sie tatsächlich dem Geheimnis des Karussells auf die Schliche kommen. Doch dann überschlagen sich die Dinge, und am Schluss ist nichts mehr so wie es einmal war...

Das Buch handelt vor allem von Freundschaft, Vertrauen und Mut. Auch die Abenteuergeschichte kommt in dem Buch nicht zu kurz, es passiert ständig irgendetwas, sodass die Bande die ganze Zeit in Bewegung ist. Dass sich die Kinder alleine durchschlagen, vermag ihren Alltag noch spannender und abenteurerisch gestalten, da sich keiner um sie sorgt, und sie ihr Schicksal allein bewältigen müssen.

Doch auch das Schicksal von Bo und Prosper spielt eine wichtige Rolle im Buch. Die Kinder werden mit dem Tod ihrer Mutter konfrontiert, und müssen auch noch Angst vor der Trennung durch ihre Tante haben. Auch das schwierige Verhältnis zwischen Scipio und seinem Vater wird angesprochen. Nur wegen seinem gespanntem Verhältnis zu seinem Vater möchte Scipio unbedingt erwachsen sein. So wird auch das Thema Erwachsensein besprochen. Scipio wünscht sich, endlich erwachsen sein zu können, um von seinem Vater ernstgenommen zu werden. Doch die Erwachsenen wünschen sich oftmals genau das Gegenteil, der Conte hofft, mit dem Karussell seine verdorbene Kindheit nachholen zu können, und wieder jung zu sein.

Nebenbei wird auch das Thema „fremdes Land" bzw. Venedig angesprochen, da die Handlung ja dort spielt.

4) Spezifisch interessante Themengebiete im Buch

4.1) Was mögen die Mädchen?

Auch Mädchen lesen gerne Abenteuergeschichten, das geht aus der Kim Studie 2005 hervor. Doch im „Herrn der Diebe" finden sich auch noch ganz andere, für Mädchen interessante Aspekte, die man herausarbeiten kann. Das Buch fängt schon mit einer Schicksalsgeschichte an: Prosper und Bos Tante und Onkel schildern Detektiv Victor den Fall ihrer verschwundenen Neffen. Auch wird der Grund zur Flucht der beiden Jungen gegeben, denn ihre Mutter ist gestorben, und die Tante möchte die beiden Brüder auseinanderreißen. Sie hält Prosper für einen Taugenichts und Unruhestifter und Bo für einen kleinen Engel. Bo möchte sie in ihre Familie aufnehmen, doch für Prosper ist dort kein Platz, er soll in ein Internat abgeschoben werden. Das spricht das Mitgefühl der Mädchen an, sie können sich in die Lage der Waisen hineinversetzen. Mädchen denken sich in die fiktiven Personen hinein, und fiebern mit. Auch das Szenario um Scipio und seine wahre Herkunft ist etwas, mit dem sich die Mädchen identifizieren können. Als die Kinderbande entdeckt, dass sie von ihrem vermeintlichen Anführer die ganze Zeit belogen wurden, und er in Wirklichkeit aus gutem Hause kommt, sind alle schrecklich enttäuscht und wütend auf Scipio. Diese neue Feindseligkeit zieht sich bis fast zum Ende des Buches hindurch, immer wieder machen einige Bandenmitglieder Anspielungen und Bemerkungen über Scipio, den Lügner. Dieser Vertrauensbruch von Scipio ist auch deshalb so schlimm, da Scipio selbst gar nicht mit der Wahrheit herausgerückt ist, sondern die Kinder es durch Zufall erfahren haben . Der vermeintliche Herr der Diebe hat die Kinder die ganze Zeit über mit „gestohlenen" Dingen aus seinem Elternhaus versorgt, und sich die ganzen Einbruchsgeschichten nur ausgedacht. Dieses Thema spricht sowohl das Verständnis für die Enttäuschung der Bandenmitgliedern als auch das Mitgefühl für den von nun an als Ausgestoßenen behandelten Scipio an. Man kann sich sehr gut in die von ihrem Anführer enttäuschten Kinder hineinfühlen, denn ihre ganzen Vorstellungen von Scipio wurden mit einem Schlag zerstört. Trotzdem entwickelt man Mitgefühl für Scipio, der sich mit seinem Vater nicht gut versteht, und am liebsten wirklich mit den Bandenmitgliedern leben würde. Auch wird er nun praktisch aus seiner eigenen Bande verstoßen, die anderen Kinder wollen nichts mehr mit ihm zu tun haben, und lassen ihn dies auch deutlich spüren. Diese gefühlbetonten Szenen des Buches sind speziell für Mädchen gut geeignet, da sie sich einfach gerne und auch gut in andere Personen hineinversetzen und auch mit ihnen mitfühlen.

Die Kinderbande hat mit Wespe auch ein weibliches Mitglied. Mit ihr können sich die Mädchen gut identifizieren, vor allem, da Wespe an manchen Stellen eindeutig die

Mutterrolle übernimmt. Vor allem um den Jüngsten, Bo, kümmert sie sich besonders. Sie liest ihm oft vor, und bringt ihn zu Bett. Als die Bande nachts den Flügels an den Conte übergeben, bleibt sie im Versteck und kümmert sich darum, dass Bo abgelenkt ist und davon nichts mitbekommt.

4.2) Was gefällt den Jungen?

Für Jungen ist dieses Buch eine wahre Fundgrube an Abenteuern, Geheimnisvollem und Gefährlichem. Es passiert ständig etwas und es bleibt immer spannend. Dies ist vielleicht speziell für Jungen wichtig, da sie schneller die Lust am Lesen verlieren. Doch dieses Buch kann man gar nicht aus der Hand legen, es folgt eine actiongeladene Sequenz nach der anderen. Konkrete Szenen, die vor allem Jungen ansprechen könnten, wären zum einen der Aspekt des Weglaufens von zu Hause der Geschwister. Die beiden Geschwister reißen gemeinsam von zu Hause aus, um sich von nun an alleine in einem fremden Land durchzuschlagen. Was kann es für einen Jungen spannenderes geben, als ganz allein ein fremdes Land zu entdecken und eine geheimnisvolle Stadt wie Venedig zu erkunden? Dass die Kinder sich einer Bande anschließen macht die Sache nur noch verlockender. Die gesamte Handlung des Buches gestaltet sich als eine Art „Schatzsuche", denn die Kinder versuchen, zuerst den Flügel zu stehlen, und dann das Karussell zu finden. Es wird auch oft der Aspekt des gefährlichen und Geheimnisvollen miteingebracht, was die Geschichte umso spannender macht. Laut der Kim Studie werden auch Detektivgeschichten sehr gerne von Jungen gelesen[13]. Die Detektivgeschichte ist in diesem Buch praktisch mit enthalten, da es ja auch unter anderem um den Detektiv Viktor Getz geht. Er wurde zuerst von Tante Esther beauftragt, die Geschwister zu finden, freundet sich dann aber mit der Kinderbande an, und hilft ihnen schlussendlich, Tante Esther loszuwerden. Es wird oft auch aus seiner Perspektive geschrieben, zum Bespiel am Anfang, als er die Kinder gesucht hat. Man erfährt dabei auch einiges über sein Leben als Detektiv und über seine Aufträge.

Jungen interessieren sich auch häufig für Sachbücher. Der „Herr der Diebe" ist zwar kein Sachbuch, doch erfährt man trotzdem nebenbei einiges über die Stadt Venedig. Dies könnte für Jungen interessant sein, sodass sie sich auch neben diesem Buch in einem speziellen Sachbuch noch weiter über Venedig informieren können.

Da die Kinderbande mit Ausnahme von Wespe nur aus Jungen besteht, gibt es natürlich genug männliche Identifikationspersonen[14]. Im Bildungsplan der Hauptschule wird ausdrücklich empfohlen, Literatur auszuwählen, die den Kindern Identifikationspersonen

---

[13] KIM-Studie 2005, S. 25
[14] Schlichter, Lesen wilde Kerle auch, S. 3

anbieten[15]. Vor allem werden sich die Jungen wahrscheinlich zuerst mit Scipio identifizieren, da er der Anführer der Bande ist, und angeblich mit seinen Raubzügen die gesamte restliche Bande ernährt. Er könnte für die Jungen eine Art Held darstellen, dem sie nacheifern möchten. Aber auch Prosper könnte interessant für die Jungen sein, da er seinen kleinen Bruder vor seiner Tante beschützt, und ohne Hilfe den Weg von zu Hause nach Venedig gefunden hat. Auch er stellt eine Art tapfere und mutige Identifikationsperson für Jungen dar, denn welcher Junge möchte nicht mutig und tapfer sein?

5) Umsetzung im Unterricht
5.1) Skizzierung der Unterrichtseinheit

Die Unterrichtseinheit zur Ganzschrift „Herr der Diebe" würde ich für die fünfte Klasse konzipieren. Da ich den Studiengang Grund- und Hauptschule belege, gehe ich hier von einer fünften Hauptschulklasse aus. Theoretisch könnte man das Buch auch schon mit einer vierten Klasse lesen, verständlich genug ist es auf jeden Fall. Doch finde ich den Umfang von ca. 380 Seiten ein wenig zu groß für Kinder der vierten Klasse. In der fünften Klasse kann solch ein doch recht umfangreicher Lesestoff hingegen besser bewältigt werden.

Für die Dauer der Unterrichtseinheit würde ich 6-8 Wochen ansetzen. Zur Abrundung könnte man noch eine Klausur zum Buch schreiben, in der Fragen zum Buch gestellt werden und die Schüler kreative Schreibaufgaben zum Buch bearbeiten können. Da das Buch interessanten, spezifischen Lesestoff für jedes Geschlechter bietet, wäre es sinnvoll, wenn man die Klasse auch in einigen Unterrichtsstunden nach Geschlechtern getrennt unterrichten könnte. So könnte man die geschlechterspezifischen Themen des Buches vertiefen, ohne dass sich entweder die Mädchen oder die Jungen bei einem Thema langweilen, das sie nicht interessiert. Praktisch wäre es dabei natürlich, wenn die Parallelklasse zum gleichen Zeitpunkt ebenfalls mit dem Buch anfängt, und die Lehrer sich mit den Themen absprechen. So könnte dann ein Lehrer die Jungen und der andere die Mädchen übernehmen, sodass beide Gruppen von einem Lehrer unterstützt und betreut werden.

Den Ablauf der Unterrichtseinheit stelle ich mir folgendermaßen vor: Die Schüler bekommen immer einige Kapitel als Hausaufgabe auf, die sie zu Hause lesen sollen. Dazu bekommen sie immer noch ein Arbeitsblatt mit Fragen an die Hand, die den Schüler beim Lesen ein wenig in die Richtung leiten sollen, die der Lehrer im Unterricht hauptsächlich besprechen möchte. Außerdem ist im Bildungsplan der Hauptschule festgelegt, dass die Schüler lernen, Fragen

---

[15] Bildungsplan HS, S. 56

zum Text zu beantworten[16]. So sind die Schüler gut auf den folgenden Unterricht vorbereitet, und der Lehrer kann zudem anhand der Fragen, die die Schüler am Besten schriftlich beantworten sollten, sehen, wer regelmäßig die vorgegebenen Kapitel liest.
Hauptsächlich geht es natürlich darum, dass die Kinder Gefallen am Lesen finden, indem sie ein spannendes und interessantes Buch lesen. Doch natürlich kann man nebenbei noch einige Themen ansprechen, die mit dem Buch zusammenhängen.
Folgende Themen im Buch eignen sich für die Unterrichtseinheit:

- Schwierige Familien- und Lebensverhältnisse. Als Beispiel hierfür das schlechte Verhältnis zwischen Scipio und seinem Vater und das Schicksal von Bo und Prosper, die ihre Mutter verloren haben und nun von ihrer Tante getrennt werden sollen. Auch die Kinderbande kann dafür als Beispiel genommen werden, denn sie sind allein, ohne Familie. Man könnte dieses Thema im Unterricht umsetzen, indem man die Kinder in einem Stuhlkreis von ihren eigenen Familien erzählen lässt. Natürlich darf man kein Kind zwingen, etwas zu erzählen. Man muss bei diesem Thema auch sehr behutsam vorgehen, da evtl. einige Kinder in der Klasse von der Scheidung der Eltern betroffen sein kann. Es wird besprochen, wie die modernen Familien heutzutage aussehen, also Patchwork-Familien, alleinerziehende Elternteile oder auch Kinder, die bei Verwandten aufwachsen.

- Schwierigkeiten der Kinder- und Jugendlichen auf dem Wege des Erwachsenwerdens. Im Buch wird oft davon gesprochen, dass die Erwachsenen den Kindern sowieso nicht zuhören und schon gar nicht glauben, was sie ihnen erzählen. Anhand des Beispiels von Prosper und Bo könnte man aufzeigen, dass man als Kind oftmals nicht gefragt wird, und dass die Erwachsenen über den eigenen Kopf hinweg entscheiden. Bo und Prosper sollten voneinander getrennt werden, weil die Tante es so wollte, keiner hat die beiden nach ihrer Meinung gefragt. Auch das Karussell spielt auf dem Weg des Erwachsenwerdens eine wichtige Rolle, denn durch eine Fahrt auf ihm kann man zum Erwachsenen oder wieder zum Kind werden. Es können die Vor- und Nachteile des Erwachsenseins besprechen.

- Freundschaft und Enttäuschung. Die Kinder waren sehr enttäuscht von Scipio, da er sie angelogen und hintergangen hat. Man kann die Kinder dazu gut erzählen lassen, ob solche Situationen bei ihnen selbst schon einmal vorgekommen sind, und eventuell aktuelle Konflikte unter den Klassenkameraden besprechen und klären. Auch kann man den Kindern beibringen, wie sie am Besten mit Konflikten und Streits umgehen

---

[16] Bildungsplan HS, S. 59

können. In diesem Zusammenhang könnte man auch das Streitschlichterprogramm erwähnen, wenn es an der eigenen Schule angeboten wird. Auf das Buch bezogen könnte man die Kinder überlegen lassen, ob die Kinderbande Scipio wieder aufnehmen soll, und ob sie sich wieder vertragen sollten. Dabei könnte man besprechen, warum Scipio wohl so gehandelt hat. Eine gute Schreibübung hierzu wäre ein Brief, den die Schüler im Namen von Scipio an die Bandenmitglieder entwerfen sollen.

- Stehlen und Klauen. Im Buch werden die Leser zuerst im Glauben gelassen, dass Scipio tatsächlich Dinge stiehlt, um die Kinder zu versorgen. Später wird dann aufgedeckt, dass er die Sachen „nur" aus dem Haus seiner Eltern entwendet hat. Doch auch die Waisenkinder beklauen ab und zu einige Touristen. Vor allem Riccio macht aus dem Stehlen eine Art Sport, er möchte auch immer mit dem Herrn der Diebe auf Beutezug gehen. Prosper dagegen hält nichts vom Stehlen, auch bei dem Gedanken Ida Spavento zu beklauen, ist ihm nicht wohl. Doch brechen die Kinder trotzdem in das Haus von Ida Spavento ein, um den Flügel zu stehlen und so an Geld zu kommen. Im Unterricht könnte man nun besprechen, ob es richtig von den Kindern ist, ihren Unterhalt mit kleineren Diebstählen zu sichern, oder ob es für sie noch eine andere Lösung geben könnte. Ist es in manchen Situationen „erlaubt", zu stehlen? Man kann mit den Kindern dazu eine Diskussion führen und sie nach ihrer Meinung fragen. Danach könnte jedes Kind kurz seine Meinung dazu aufschreiben und diese begründen.

Jeder der Themenblöcke würde ca. 3-5 Unterrichtssunden füllen, je nachdem wie ausführlich das Thema besprochen werden soll. Wahrscheinlich können aus Zeitgründen nicht alle Blöcke im Unterricht behandelt werden. Deshalb muss der Lehrer abwägen, welche Themen für seine Klasse am geeignetsten sind.

Das Buch „Herr der Diebe" wurde im Jahr 2006 auch verfilmt. Zur Unterstützung im Unterricht könnte man den Film parallel zum Buch zeigen. Man kann immer die Szenen zeigen, die gerade im Buch gelesen wurden. So kann man mit den Schülern parallel Buch und Film vergleichen. Es kann so herausgefunden werden, ob der Film sich genau an die Vorgaben des Buches hält, ob er die Buchszenen richtig wiedergibt, oder ob Szenen für den Film verändert wurden.

Alternativ dazu könnte auch der Film einfach am Schluss der Unterrichtseinheit als Abschluss gezeigt werden. Dies hätte den Vorteil, dass den Kindern während des Lesens keine visuellen Vorgaben gemacht werden, und sie sich alles selbst vorstellen können.

5.2) Einführungsstunde

Als Grundlage der Einführungsstunde sollten die Kinder schon die ersten vier Kapitel gelesen haben, sodass man in der ersten Stunde schon zum Buch selbst arbeiten kann. Die ersten vier Kapitel geben einen Einblick in die Handlung: Es wird die Situation von Bo und Prosper dargestellt, indem Tante Esther und Onkel Max bei Viktor, dem Detektiv sitzen, und ihm den Auftrag erteilen, die Kinder zu finden. Außerdem wird die Kinderbande und deren Mitglieder eingeführt, und der Leser erfährt, wo die Kinder leben und wie sie sich ihren Lebensunterhalt verdienen. Es werden also ziemlich viele Informationen gegeben, die aber wohl als Basisinformationen für die weitere Handlung des gesamten Buches sehr wichtig sind.

Zuerst sollen die Kinder ihre Leseeindrücke loswerden können. Der Lehrer fragt die Kinder nach ihren bisherigen Eindrücken des Buches. Dies könnte zum Beispiel in einem Stuhlkreis geschehen, da so eine lockerere Erzählatmosphäre aufkommt. Dann werden die Fragen besprochen, die der Lehrer den Schülern zur Lektürevertiefung zum Lesen dazugegeben hat. Hierzu kann man die Schüler im Sitzkreis behalten. Dann teilt der Lehrer die Klasse in Gruppen ein, jede Gruppe soll eines der Bandenmitglieder nach dem bisherigen Leseeindruck beschreiben und charakterisieren. Es werden 6 Gruppen benötigt, eine Gruppe für Prosper, Bo, Wespe, Ricio, Mosca und Scipio. Jede Gruppe soll später seine Ergebnisse vor dem Rest der Klasse gemeinsam präsentieren, und darf zur Vorbereitung eine ruhige Ecke zum Arbeiten suchen. Die Schüler bekommt ein großes, farbiges Plakat, das mit Informationen über die zu beschreibende Person geschmückt werden soll. Dabei sollen sich die Kinder vor allem auf gegebene Informationen aus dem Buch beziehen. Haben die Kinder alle verfügbaren Informationen aus dem Buch gesammelt, können sie die Person in die Mitte des Plakates malen. Die Kinder lernen so, Informationen aus einem Text zu verwerten, und gezielt nach den verlangten Angaben zu suchen. Dies ist besonders wichtig für die Schüler, da von ihnen verlangt wird, einen Text zu überfliegen, um so eine Information aus einem bestimmten Text zu finden. Diese Kompetenz ist im Bildungsplan der Hauptschule festgehalten[17]. Nebenbei wird auch noch gelernt, ein Plakat zu gestalten, und dieses dann später vor der Klasse zu präsentieren. Auch die Präsentation ist sehr wichtig für die Zukunft der Schüler, sie sollen möglichst früh lernen, vor der Klasse zu stehen, und etwas zu referieren. Auf Referate und kurze Vorträge wird in der Schule großen Wert gelegt, und im Bildungsplan ist das miteinander arbeiten und präsentieren vorgeschrieben. Die Schüler sollen lernen,

---

[17] Bildungsplan HS, S. 59

Arbeitsaufträge aufzuteilen, Ergebnisse verständlich und ordentlich aufzuschreiben und die Arbeitsergebnisse angemessen präsentieren[18]. Hier empfiehlt sich dann eine kurze Pause einzulegen, sodass man danach dann wieder konzentriert weiterarbeiten kann. Nach der Pause kann man dann schon in die geschlechtsspezifischen Unterrichtsthemen einsteigen. Dazu kann man die Lebensumstände der Kinderbande näher betrachten. Für die Jungen bietet sich die Seite des spannenden Bandenlebens an. Die Schüler sollen überlegen, wie sie sich das Leben ohne Erwachsene und Vorschriften in einer Kinderbande vorstellen. Was könnte man erleben, was könnte aber auch passieren? Nun sollen sie sich vorstellen, dass sie selber ein Mitglied einer solcher Bande wären. Dazu sollen sie sich nun ein kleines Abenteuer ausdenken. Die Aufgabenstellung könnte wie folgt lauten:

„ Die Geschwister Prosper und Bo leben in Venedig zusammen mit einer Kinderbande, ohne Erwachsene. Sie erleben zusammen viele spannende Abenteuer. Stell dir vor, du wärst auch Mitglied in einer Kinderbande. Welche Abenteuer würdet ihr erleben und was wäre vielleicht nicht so toll?"

So können sie ihrer Fantasie freien Lauf lassen, und selbst einmal in die Rolle eines Abenteurers schlüpfen, gleichzeitig aber veschriftlichen sie das Ganze auch noch, was eine gute Aufsatzübung darstellt.

Die Mädchen könnten einen inneren Monolog aus der Sicht von Prosper schreiben. Anhand der Basisinformationen, die in den ersten Kapiteln gegeben worden sind, können sie daraus schließen, wie sich Prosper fühlt. Er ist nun allein für das Wohl seines Bruders verantwortlich, und lebt zusammen mit einer Bande von Kindern in einem verlassenen Kino. Auch die Traurigkeit über den Tod seiner Mutter und das Gefühl ganz alleine zu sein, kann aufgegriffen werden. Die Aufgabenstellung sollte hier relativ frei gehalten werden, damit jedes Kind seine individuellen Gedanken miteinbringen kann.
Ich würde die Aufgabe folgendermaßen formulieren:

„ Prosper und Bo haben ihre Mutter verloren, sind von zu Hause ausgerissen und auf der Flucht vor ihrer Tante nach Venedig geflohen. Was könnte Prosper durch den Kopf gehen? Schreibe einen inneren Monolog, in dem du seine Gefühle und Gedanken beschreibst!"

Beide Aufgaben lassen den Schüler Gefühle und Gedanken im freien, kreativen Schreiben ausdrücken, wie es im Bildungsplan vorgeschrieben[19] ist

---

[18] ebd. S. 58

Die Schülerinnen und Schüler werden wahrscheinlich mit dieser Aufgabe während des Unterrichts nicht fertig werden. Die Fertigstellung der Aufgabe eignet sich aber gut, um als Hausaufgabe aufgegeben zu werden. Sind trotzdem einige Schüler schon frühzeitig fertig geworden, so können sie in der verbleibenden Zeit das Buch weiterlesen. Dazu sollte der Lehrer ihnen das nächste Blatt mit den begleitenden Fragen geben, damit sie diese nebenbei gleich beantworten können.

Am Anfang der nächsten Stunde können Jungen und Mädchen jeweils ihre Aufgabe vorstellen und kurz die wichtigsten Ergebnisse aufzeigen. So erhält das jeweils andere Geschlecht trotzdem Einblick in die Aufgaben des anderen und muss sich trotzdem nicht sehr damit beschäftigen.

6) Quellenangaben

- Barth, Susanne: Differenzen: weiblich-männlich? In: Praxis Deutsch, 143 (1997). S. 17-23
- Bertschi-Kaufmann, Andrea: Mädchen und Jungen lesen anders und anderes. In: Die Grundschulzeitschrift, 103 (1997), S. 40-44
- Garbe, Christine: Mädchen lesen ander(e)s. In: JuLit, 2 (2003). S. 14-29
- Garbe, Christine: Alle Mann ans Buch! In: JuLit, 3 (2003). S. 45-49
- Medienpädagogischer Forschungsverbund Südwest: KIM-Studie 2005
- Ministerium für Kultus, Jugend und Sport Baden-Württemberg: Bildungsplan für die Hauptschule. Neckar-Verlag , 2/2004
- Schlichter, Anita: Lesen „Wilde Kerle" auch? In: Grundschulunterricht, 6 (2005) S.2-6
- Schlichter, Anita: Was machen die Jungs? Geschlechterdifferenzierender Deutschunterricht nach PISA. Aus: Abraham, Ulf (Hrsg.): Deutschdidaktik und Deutschunterricht nach PISA, Freiburg im Breisgau(2003). S.361-379
- Wienholz, Margit: Jungen lesen ander(e)s. In: Lehren und Lernen, 11 (2005). S. 3

---

[19] Bildungsplan HS, S. 58